INTRODUCTION

A

L'HISTOIRE

DES INSTITUTIONS ADMINISTRATIVES.

*Discours prononcé à l'ouverture du cours de droit administratif,
le 30 avril 1838,*

PAR M. F. LAFERRIÈRE,

PROFESSEUR A LA FACULTÉ DE RENNES.

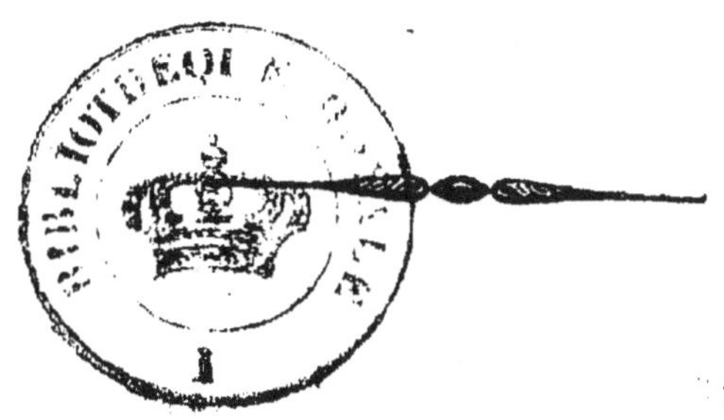

PARIS,

BUREAU DE LA REVUE DE LÉGISLATION ET DE JURISPRUDENCE,
RUE DES BEAUX-ARTS, 9;

JOUBERT, LIBRAIRE-ÉDITEUR
de l'*Histoire du Droit français* de M. Laferrière,
RUE DES GRÉS, 14.

1838.

Extrait de la *Revue de législation et de jurisprudence*, t. VIII,
2ᵉ livraison (31 mai 1838).

PARIS. — IMPRIMERIE DE COSSON,
rue Saint-Germain-des-Prés, 9.

INTRODUCTION A L'HISTOIRE DES INSTITUTIONS ADMINISTRATIVES.

MM.

Un cours de droit public et administratif suppose dans la société qui l'institue une situation politique où dominent les idées de liberté publique et d'unité nationale : sans liberté, pas d'enseignement; sans unité, point de science.

Si la liberté publique n'était pas fortement constituée et n'avait pas pour elle les garanties de l'organisation légale, l'enseignement des principes et des théories soufflerait l'esprit des révolutions. D'un autre côté, si les pouvoirs de l'état n'avaient pas leur sphère d'activité bien déterminée, si les forces sociales n'étaient pas concentrées dans une vaste unité, condition essentielle d'une action régulière, l'enseignement du droit administrasif n'aurait qu'une marche incertaine; il se heurterait contre la réalité des faits extérieurs; il serait moralement impossible. Quand les doctrines et les faits sont en contradiction, les pensées d'amélioration peuvent être déposées dans des livres, ma.s l'enseignement ne peut descendre, du haut d'une chaire, en principes théoriques et en formules légales. Notre cours aura pour objet les droits et les devoirs des citoyens dans l'exercice des libertés publiques, les droits et les devoirs des pouvoirs politiques et administratifs dans leurs rapports avec la société et les citoyens : il faut donc qu'on puisse parler librement et légalement de liberté ou de pouvoir, de démocratie ou de monarchie, d'institutions locales ou de centralisation administrative.

Aussi, messieurs, la première chaire destinée à cet enseignement spécial a-t-elle été en France fondée en l'année 1819, dans cette année trop fugitive où la restauration semblait accepter l'alliance du pouvoir et de la liberté, où le système électoral commençait à donner au pays une représentation vraie, où la liberté de la presse et l'institution du jury en s'appuyant pour la première fois l'une sur l'autre, garantissaient la liberté publique et la liberté individuelle.

Les principes de 1819 avaient disparu dans la seconde période de la restauration ; la révolution de juillet en a repris et développé le cours interrompu ; l'enseignement qui n'avait été attribué qu'à la faculté de Paris s'est étendu à d'autres facultés, et la chaire créée dans l'école de Rennes est, de la part du gouvernement, un nouveau témoignage de la conscience de son principe et de ses forces. La jeunesse est conviée à l'étude et à la connaissance de nos institutions. Tous les esprits sont conviés à un examen qui peut ouvrir la voie aux améliorations. Je m'honorerai à jamais d'avoir été appelé parmi vous à concourir à cette heureuse initiative. Mais l'enseignement, encore jeune et inexpérimenté, du droit administratif ne peut se défendre, en moi, d'un vif sentiment de défiance, en prenant place dans cette chaire célèbre où le droit civil de l'ancienne France et de la France nouvelle a été fécondé par les travaux immortels des Poullain-Duparc, des Carré, des Toullier ; dans cette chaire où, tous les jours, leurs dignes successeurs développent les notions du droit, à la lumière de la véritable science, celle qui éclaire la pratique par la théorie, et qui éprouve la théorie par la pratique.

La mission qui nous fait participer à une si honorable association nous impose de grands et difficiles devoirs.

Le droit civil s'alimente des trésors d'une science lentement élaborée par les génies de tous les âges. La France est la patrie des jurisconsultes ; elle a recueilli au 16ᵉ siècle l'héritage des jurisconsultes romains, et le droit civil du 19ᵉ n'est pas ingrat envers ses pères ; il reconnaît également les services et la gloire de l'école romaine et de l'école française ou coutumière ; il puise sans cesse à leurs sources inépuisables. Le droit public et administratif de la France actuelle n'a pas les mêmes avantages. Il ne trouve point dans le passé ces sources si abondantes où la science moderne peut se retremper avec vigueur. Cette différence frappe au premier coup d'œil ; toutefois, messieurs, il ne faudrait pas se l'exagérer, ni méconnaître les services que le droit administratif peut retirer de l'étude des temps antérieurs. A ne consulter que les formes apparentes, les titres des fonctions, notre droit public et administratif est sans aïeux. Il date de 1789. Mais sous les formes extérieures, revêtues aujourd'hui par les pouvoirs sociaux, vit un esprit qui vient du passé, plus qu'on ne le croit peut-être. Si le lien intellectuel qui unit l'époque présente aux époques antérieures n'est pas aussi visible dans le droit administratif que dans le droit civil, il existe cependant : la révolution, en brisant les formes, n'a pas rompu complétement la chaîne des idées. Les ouvrages des siècles précédens contiennent des richesses que nous tâcherons de recueillir dans l'intérêt de la science.

Et croyez-vous qu'en cela nous soyons infidèles à l'esprit de la révolution de 89. Non, messieurs, la révolution française a été certainement le plus grand acte des temps modernes ; mais c'est par les idées surtout qu'elle a vaincu. Les idées avaient monté de toutes parts au dessus des institutions ; elles ont débordé avec force. Or, ces idées civilisatrices qui demandaient à passer dans les faits, dans les institutions, elles n'étaient point nées du 18e siècle ; elles ne l'étaient pas même du 16e, où les esprits avaient tant d'ardeur, les luttes tant de violence ; elles remontaient plus haut, au-delà du moyen-âge, jusqu'au berceau du droit et du christianisme. La civilisation moderne, il faut le dire bien haut, car là est le passé et là est aussi l'avenir de la société, la civilisation moderne, c'est la civilisation chrétienne ; la révolution française, c'est l'irruption des idées chrétiennes de liberté, d'égalité, d'unité ; c'est la transition éclatante par laquelle l'esprit du christianisme, renfermé encore dans le monde moral et religieux, prend possession du monde social. Mais les idées, qui allaient vaincre l'ancien régime, avaient lutté à divers intervalles, avec des fortunes diverses, dans le drame historique de la France et de la monarchie ; et ce travail intérieur nous a légué des monumens précieux pour la science : les ouvrages de Loyseau, de Delamarre de Fréminville, de Prost du Royer, de Camus et d'Aubry (1), font pénétrer la lumière bien au-delà des faits donnés par l'état social de leur époque.

Nous n'avons donc pas, messieurs, l'intention de nous reporter seulement à la révolution : notre introduction historique au droit administratif suivra les libertés communales ou provinciales, et l'administration centrale dans leurs diverses phases : elle demandera à chacune des principales époques ce qu'elle a fait pour les idées qui ont triomphé en 89 et qui constituent le fond des institutions actuelles. Nous essaierons de dégager de l'ancienne monarchie les idées contraires ou conformes à l'état présent des choses ; mais notre préoccupation du présent ne nous empêchera pas d'apprécier la valeur relative des choses du passé.

Aujourd'hui, messieurs, et comme point de vue général, nous vous présenterons cette grande idée de l'Unité, qui résume toute notre histoire, et spécialement notre histoire politique et administrative.

L'unité, appliquée à la société, dans un état avancé de civilisation, n'est pas absolue ; elle ne se confond pas avec cette uniformité apparente et matérielle qui, selon l'expression de Montesquieu, « saisit quelquefois » les grands esprits, mais frappe infailliblement les petits » : elle tient à l'ordre moral, elle est complexe de sa nature ; elle embrasse et unit des élémens divers ; elle enveloppe la société considérée sous ses différens rapports ; c'est l'unité d'association et d'harmonie.

Ce n'est donc pas seulement l'*unité extérieure* qui existe quand un pays est reconnu par les autres états comme corps politique et indépendant ; ce n'est pas seulement l'*unité territoriale* qui se constitue lorsque les anciens possesseurs de certaines provinces dépouillent leurs prétentions à la souveraineté locale et ne reconnaissent pour tout le territoire qu'un

____

(1) Des offices. — De la police. — Des communautés. — Dictionnaire des arrêts. — Maximes du droit public français.

pouvoir central et souverain ; ce n'est pas seulement l'*unité nationale* qui s'accomplit lorsque les peuples de provinces diverses abjurent leur différence de race et d'origine, pour ne former qu'une seule nation ; enfin l'unité dont nous parlons n'est pas seulement l'unité politique, administrative, civile, c'est tout cela réuni : l'ensemble harmonique de ces unités et de ces rapports. Nous l'appelons d'un seul mot l'Unité sociale.

L'unité sociale, tel est le grand résultat auquel tendent les peuples de l'Europe moderne. C'est dans son vaste sein qu'une nation peut développer toutes ses forces, toutes ses qualités intellectuelles et morales, toutes ses richesses matérielles. Aucune nation ne s'en rapproche autant que la nation française : nous en sommes venus à cette situation qu'il n'est pas d'atteinte portée sur un point de la société nationale qui ne réagisse immédiatement sur l'ensemble : toute percussion répond au centre de l'organisation ; la vie circule librement des extrémités au cœur, et du cœur elle reflue vers les extrémités ; c'est un peuple fait homme.

Mais l'*unité sociale* est trop vaste pour devenir le but de notre enseignement historique ; c'est le droit administratif que nous avons en vue ; et, par conséquent, c'est l'*unité politique et administrative* qui devra principalement attirer notre attention. Il faut, dès ce moment, en déterminer les caractères.

Dans toute société, quelle qu'elle soit, il y a deux élémens aussi nécessaires l'un que l'autre : des citoyens et un pouvoir ; des citoyens, qui ont des droits à exercer, un pouvoir qui les régit.

L'histoire de la société est, pendant une longue période, l'histoire de la formation, du développement et des luttes du pouvoir. L'unité politique et administrative vers laquelle tend alors le pouvoir, c'est l'unité du gouvernement absolu. Mais lorsque la civilisation a fait de grands progrès et que les idées ont acquis par la science une large expansion, il devient nécessaire de concilier la liberté des citoyens et l'action des pouvoirs organisés. Si le pouvoir n'accepte pas la liberté, il est renversé, mais comme la liberté ne peut pas vivre en dehors de l'ordre, elle ne peut pas vivre long-temps en dehors de l'autorité : elle revient bientôt vers le pouvoir ; et les deux élémens primitifs sont forcés un jour de chercher leur point de ralliement, leur mode de conciliation.

L'alliance du pouvoir avec la liberté publique et la liberté privée, tel est pour ainsi dire, l'idéal des gouvernemens auquel aspirent les peuples éclairés. Tel est aussi le véritable fondement de l'*unité politique et administrative*, qui cesse, dans cette période nouvelle, de représenter l'idée du pouvoir absolu, et qui sera plus tard l'objet de notre enseignement théorique. C'est l'unité d'ordre et d'harmonie dans laquelle doivent s'exercer le pouvoir et la liberté. On ne peut donc, sous aucun rapport, la confondre avec l'unité absolue et despotique qui nous apparaîtra dans l'histoire des institutions administratives, et qui voudra s'imposer, tantôt au nom du pouvoir, comme sous Louis XIV et Napoléon, tantôt au nom de la liberté, comme sous la Convention.

Ces notions préliminaires étant posées, jetons un coup d'œil sur les époques historiques que nous devrons parcourir, sur les faits et les institutions que nous aurons à étudier spécialement dans la suite de notre cours.

Première époque. Quand on s'occupe du droit civil sous le point de vue de l'histoire, on doit faire une étude approfondie de l'état des Gaules sous la domination romaine, avant les invasions germaniques. La question des origines du droit français demande qu'on se rende compte de la condition des personnes et des propriétés, aux 4ᵉ et 5ᵉ siècles, de l'ascendant qu'exerçait le droit romain, des vestiges qu'avaient pu laisser les usages celtiques. Le droit public et administratif ne doit pas y rechercher les mêmes objets; mais il a aussi un intérêt réel, quoique moins grand, à l'examen de l'état des Gaules.

Les Gaulois des 4ᵉ et 5ᵉ siècles de l'ère chrétienne ne formaient pas un peuple particulier; leur antique nationalité avait été absorbée, sauf en Bretagne, par la domination et la civilisation romaine. La science moderne ne peut que donner aux habitans du pays, le nom de *Gallo-Romains* pour les reconnaître dans l'universalité de l'empire. Le culte, la langue, les lois civiles de Rome chrétienne, dominent dans les dix-sept provinces de la préfecture ou du *vicariat* des Gaules : les villes sont soumises au régime municipal, au système de centralisation administrative et judiciaire que Rome impose au monde. L'uniformité est là, mais la force vitale n'y est pas: les principes du christianisme et du droit contiennent la loi de l'avenir; mais ils ne peuvent rien sur une société épuisée de vie. La préfecture des Gaules, qui n'a pas d'unité qui lui soit propre, sera bientôt détachée du grand corps de l'empire d'Occident; l'empire lui-même bientôt sera dissous. Au milieu du 5ᵉ siècle, en 448, il y a sur le territoire des Gaules quatre peuples qui ne reconnaissent pas la domination de Rome : au midi de la Loire, les Visigoths; au nord-est, dans les Vosges, les Burgondes; au nord, les Franks; dans la Bretagne armoricaine, les Bretons. Trente ans à peine s'écoulent, et l'Italie entend un chef de barbares, Odoacre, proclamer que « puisqu'il n'y a plus d'empire d'Occident, il ne doit plus y avoir d'empereur ». Un seul effort se fait en faveur de Rome; il vient des Gallo-Romains; ceux qui n'ont pas fléchi sous les barbares, demandent à l'empereur d'Orient de maintenir l'empire d'Occident; et cette inutile négociation est le dernier acte officiel de la Gaule comme partie de l'empire (1).

Dans ces temps voisins ou contemporains des invasions germaniques, nous devrons étudier quatre faits ou institutions qui ont de l'importance par leur action sur les époques postérieures :

L'institution municipale;

Le système des impôts;

Les corporations d'ouvriers libres, ou les jurandes romaines;

(1) Fauriel, Gaule mérid., t. I, p. 221.

L'épiscopat des Gaules.

· L'organisation municipale n'était qu'un moyen pour l'empire de percevoir les tributs levés sur les personnes et sur les biens, même en ruinant les *curiales* ou *décurions*, personnellement responsables des impôts ; mais elle devint, surtout dans le midi, un asile pour les grands et les riches qui s'alliaient avec les officiers de l'empereur pour en être épargnés, et faisaient porter sur les classes inférieures tout le poids des exactions. Du sein de l'oppression naquit une sorte de tribun municipal, *le défenseur de la cité*, qui de protecteur du peuple en devint le magistrat. Quand la puissance de l'empereur et de ses délégués se retira devant les flots de l'invasion et abandonna les villes de la Gaule à leurs propres forces, l'institution municipale se trouva un pouvoir organisé dans chaque cité ou chaque centre de population : dégagée désormais de la tyrannie des impôts, elle survécut long-temps à l'administration impériale.

Les corporations d'artisans qui, d'esclaves devenus libres, se formèrent en corps de métiers, au commencement du 5e siècle, mêlèrent leur élément démocratique à l'organisation aristocratique des cités, et du sénat curial.

Les évêques, qui seuls avaient une puissance morale, à l'approche des barbares, entrèrent dans les principales curies ; ils furent créés *les défenseurs des cités*, ils donnèrent une vie nouvelle à l'institution municipale et se trouvèrent placés comme intermédiaires entre les cités et les chefs barbares. Conseillers des rois goths, dans le midi, ils les dirigèrent vers l'imitation des lois et de la civilisation romaines ; mais ne pouvant vaincre leur dévonement à l'hérésie des Ariens, ils se tournèrent du côté des Franks de Clovis ; ils préféraient, dans l'intérêt du christianisme et de l'église des Gaules, l'ignorance du barbare idolâtre à l'opiniâtreté du barbare hérétique. Lorsque les Franks, maîtres du nord de la Gaule, et vainqueurs des Visigoths et des Burgondes eurent presque tout envahi (1), au milieu du 6e siècle, les évêques, qui les avaient secondés, se trouvèrent en possession d'une grande influence. Par le régime municipal, ils étaient les magistrats du peuple des villes, par le culte *orthodoxe* dans lequel ils avaient attiré la puissance des nouveaux conquérans, ils étaient forts auprès des rois barbares : leur pouvoir avait donc un double caractère de magistrature et de protection.

Les quatre institutions que nous examinerons dans cette première époque avaient, comme vous le voyez déjà, et ont conservé dans l'histoire des rapports dignes d'attention.

Deuxième époque. Dans la seconde époque, l'époque gallo-franque, qui comprend les deux premières dynasties presque entières et s'étend du 6e à la fin du 9e siècle, nous n'aurons aucune institution à mettre en relief.

Rien n'est fixe et stable dans cette période ; les élémens de la société romaine et de la société germanique, se combattent, s'altèrent, se dis-

(1) Moins la Bretagne.

solvent dans une extrême confusion. Le principe de la division entre par-
tout. La conquête de Clovis, partagée entre ses enfans, et un instant
réunie sous la main de son fils Clothaire, se divise de nouveau ; les
royaumes partiels et leurs limites paraissent et disparaissent : ils ne laissent entrevoir que la division du nord et du midi en Austrasie et Neustrie.
Les invasions germaniques continuent leur mouvement dans le nord de la
Gaule ; les Gallo-Romains du midi tâchent de ressaisir leur ancienne existence. Un seul pouvoir finit par être exercé sous les rois mérovingiens,
c'est celui des maires du palais qui exercent le patronage militaire et
germanique sur les chefs de l'Austrasie.

La race franque sent le besoin de s'affermir, dans le pays conquis, et
contre les tribus germaniques qui passent le Rhin et contre les peuples
arabes qui franchissent les Pyrénées. La famille carlovingienne, féconde
en grands hommes, s'allie à la papauté pour se couvrir de la seule puissance morale de l'époque ; c'est elle qui fonde vraiment l'avenir de la société gallo-franque, en protégeant par ses victoires l'unité de territoire
et de religion : Charles-Martel l'assure, au nord, en repoussant l'invasion
des Sarrasins ; Charlemagne, au midi, par les défaites des Saxons. Les
expéditions maritimes seront désormais la seule ressource des barbares ;
et, par conséquent, les invasions générales ne seront plus à craindre
pour la France. Après avoir affermi le sol de l'empire frank, Charles
voulut reconstituer le pouvoir à l'intérieur de la société. Avec des élémens barbares il voulut rétablir l'unité romaine, l'empire d'Occident,
œuvre impossible à son génie qui méconnaissait la nature des choses.
Malgré tous ses efforts et l'action des capitulaires pour pénétrer la race
franque des principes du droit romain et du christianisme, il ne put la
transformer. L'esprit d'indépendance germanique subsistait avec énergie.
L'aristocratie, qui sortait, d'abord obscure et incertaine, de la possession
temporaire des *bénéfices* personnels, tendait de plus en plus à prendre la
force et la prépondérance d'une aristocratie territoriale. Et quand la main
vigoureuse de Charlemagne ne fut plus là pour retenir dans la dépendance
les anciens leudes, les comtes, les fidèles, la séparation se fit de toutes
parts ; l'unité du territoire fut morcelée par l'hérédité des fiefs, l'unité
de pouvoir fut démembrée par la féodalité. L'hérédité des fiefs fut formellement reconnue par un capitulaire de Charles-le-Chauve, en 877, et
vers la fin du 10ᵉ siècle, il y avait, en France, cinquante-cinq petits états
ou grands fiefs, qui ont joué un rôle dans l'histoire du moyen-âge !

L'ARISTOCRATIE FÉODALE, messieurs, c'est le principe de la force qui
s'enracine dans la propriété territoriale, l'hérédité et le droit d'aînesse ;
c'est l'élément germanique qui reprend dans l'isolement des fiefs son esprit
d'indépendance et d'individualité ; c'est la race barbare et victorieuse qui
après 400 ans d'incursions, de confusion et d'instabilité, s'attache définitivement à la terre, se met avec elle en rapport de vie et d'habitude, lui
communique ses titres, sa qualité noble, sa personnalité tout entière :
alors la condition du vainqueur et du vaincu, du barbare et du Gallo-

Romain s'enchaîne pour un long avenir à la condition du sol, qui formera le noble domaine du vainqueur, la glèbe servile du vaincu : « *L'homme ne possède pas seulement la terre*, a dit énergiquement M. Michelet, *il en est possédé* (1). » Les rapports réels remplacent les rapports personnels, les coutumes réelles et locales de la féodalité remplacent ou modifient les lois personnelles et germaniques et les principes rationnels du droit romain; alors se prépare confusément une société civile conforme à la situation des personnes et des choses : révolution profonde qui va pendant des siècles matérialiser la condition humaine, et contre laquelle auront à réagir, à combattre incessamment l'esprit du christianisme et du droit civil, l'unité politique et nationale !

Sous l'empire de la féodalité, la souveraineté absolue s'enferme dans chaque fief, s'ajoute et s'incorpore à la propriété; les droits de guerre, de justice, d'impôt, le privilége de battre monnaie, de donner des lois, d'infliger des usages, se concentrent sur chaque point de territoire, à des degrés quelquefois inégaux : tout est local, inhérent au sol, immobilisé; et il faudra qu'un jour, cependant, tout redevienne général, mobilisé et vivant au sein de la civilisation ! C'est un monde nouveau que la Providence divine donne à créer à la puissance de l'humanité; et cette puissance ne défaillira pas ! L'unité sociale qui a tout à ressaisir, à refaire, à coordonner, verra chaque siècle poser sa pierre au fondement de l'édifice, et chaque époque historique en préparer l'ensemble, au milieu des travaux et des luttes, des réactions et des progrès de la société.

Ainsi, messieurs, la féodalité sera considérée par nous comme l'époque d'immobilisation et de morcellement, d'où sortira l'esprit d'unité pour ressaisir et vivifier les élémens épars du pouvoir et de la société nationale : l'anéantissement des institutions politiques, administratives et civiles de la féodalité a été le résultat de la civilisation moderne; il nous suffira donc d'en résumer les principes dans la suite de ce cours. Nous ne devrons décrire spécialement que les institutions qui ont fait la société telle qu'elle est.

Au dessus de ce monde féodal où dominent la force, le désordre et l'oppression, il est une puissance qui possède et qui proclame l'unité morale et spirituelle, c'est l'église catholique, la papauté.

Au milieu des divisions infinies de la féodalité, il est un pouvoir qui semble purement nominal, mais qui par son titre même porte le germe d'un gouvernement central, c'est la royauté.

Au dessous, et comme couche dernière de la société féodale, existe dans beaucoup de villes la tradition des institutions municipales et romaines, des corporations d'ouvriers libres; et, dans les masses des serfs de campagnes, les souvenirs des colons Romains et Gaulois qui avaient des terres à redevances sans servitude, fait attesté encore en Bretagne par les *domaines congéables :*

(1) Origines du droit français.

L'église catholique ;

La royauté ;

Les communes.

Voilà les trois élémens, les trois puissances qui vont concourir à l'attaque et à la destruction de l'anarchie féodale.

Le catholicisme a le premier compris sa mission. Fort de la conscience de son unité spirituelle, il n'a pas hésité, en présence de l'oppression de l'homme et de la société, à se faire le centre de la régénération sociale. Quand il a vu le monde se dissoudre dans les déchiremens des guerres privées, il a saisi, par la main de Grégoire VII, le pouvoir extérieur et réclamé hautement la monarchie universelle. A sa voix, à ses inspirations, la société a senti tressaillir en elle quelque espérance de vie. Les guerres privées et les combats judiciaires étaient des usages barbares qui s'étaient incorporés à la nature même de la féodalité. Les relations extérieures des seigneurs, les relations intérieures des vassaux soit entre eux, soit avec la justice seigneuriale n'avaient d'autre règle et d'autre appui que la force des armes. C'était la seule garantie d'un système fondé sur la force et l'indépendance individuelle ; elle devait en perpétuer la durée.

C'est contre ces coutumes anti-sociales que le catholicisme a réuni ses efforts du 11e au 13e siècle : pour attaquer le duel judiciaire et affaiblir les cours des juges armés, il a créé les tribunaux ecclésiastiques et proclamé la compétence générale de l'église fondée sur la connexité de toutes les causes avec les matières de la foi.

Pour détruire le fléau des guerres privées, l'église a accueilli et fécondé tous les moyens, toutes les inspirations. Elle organisait les *confréries de Dieu* qui devaient protéger les personnes ; elle pénétrait de l'esprit du christianisme la chevalerie qui s'élançait généreusement du sein des calamités du 11e siècle : le concile de Clermont décréta, en 1025, que toute personne noble, âgée de plus de 12 ans, jurerait devant l'évêque du diocèse « de défendre le faible, de protéger les veuves, les orphelins, les » femmes mariées et non mariées, les voyageurs. » A côté de l'oppression féodale se formait ainsi une institution pleine de moralité, de charité, d'enthousiasme. L'unité morale qui était dans l'église commençait à établir entre les différens peuples du moyen-âge par l'esprit de la chevalerie une fraternité chrétienne, qui contraste admirablement avec l'état du monde à cette époque, et le spectacle des guerres privées.

Mais cette fraternité chrétienne et cette horreur des guerres privées vont inspirer au catholicisme une de ces résolutions qui changent la face des choses humaines, les CROISADES. La première croisade est prêchée à Clermont, en 1095, par l'ermite Pierre et le pape Urbain II, pour la délivrance du tombeau du Christ, et afin que la société soit délivrée de *l'horreur des guerres privées*. ce dernier fait, messieurs, est d'une grande importance, il révèle le but social des chefs du catholicisme.

Le catholicisme a ouvert la voie ; la royauté y marchera avec courage et persévérance : l'abbé Suger, qui exerçait la puissance royale au 12e siè-

cle, disait : « C'est le devoir des rois de réprimer de leurs mains puis-
» santes et par le droit originaire de leur office, l'audace des tyrans qui
» déchirent l'état par des guerres sans fin (1). » Philippe-Auguste et saint
Louis, au 13e siècle, établissent la *quarantaine-le-roi*, pour donner aux
parens de l'offensé le temps d'apprendre l'injure et de se mettre en défense ; les guerres privées sont interdites au 14e siècle pendant la guerre
générale contre les Anglais ; Charles VI les abolira définitivement par
son ordonnance de 1413 sous peine de confiscation et d'emprisonnement
contre les seigneurs et les vassaux.

Quant au duel judiciaire, saint Louis le prohibe formellement dans
ses domaines et il l'attaque dans ceux des autres seigneurs par la puissance morale de l'exemple. L'institution des *cas royaux* et de *l'appel au
roi*, substitue graduellement la justice à la force, le témoignage au duel;
et bientôt le parlement cessera d'être la cour des barons, pour devenir un
corps de magistrature.

Ainsi, messieurs, la royauté vient la seconde dans le combat engagé
contre la féodalité politique et judiciaire. Quel est son véritable caractère
dans les premiers temps de la troisième dynastie? Sous les quatre premiers
rois de la race capétienne, elle n'est qu'un titre joint à la qualité féodale
des *comtes de Paris*. C'est avec Louis-le-Gros, au commencement du
12 siècle, que paraît la monarchie de l'époque féodale. La royauté semble encore n'appartenir qu'à l'organisation des fiefs et aux règles de la
suzeraineté ; mais elle s'unit étroitement avec le sacerdoce, et, comme
l'église chrétienne, elle prend le caractère d'un pouvoir public et protecteur. Elle se distingue par là des pouvoirs féodaux et suzerains ; sans
bien connaître toute la portée de sa puissance nouvelle, elle s'établit
comme le centre politique vers lequel le faible et l'opprimé peuvent
porter leurs plaintes, comme le pouvoir qui doit sa protection aux vassaux qui la réclament. Il semble que l'esprit de la chevalerie chrétienne
soit alors assis avec les rois sur le trône de France. C'est Louis-le Gros
et l'écrivain de sa vie, le ministre habile de Louis VII, l'abbé Suger
qui impriment à la royauté, dans la monarchie féodale, ce caractère de
protection qui a été développé par Philippe-Auguste et saint Louis.

En dehors de la féodalité voilà donc deux grandes forces morales, le
pape et le roi. Mais le peuple, c'est-à-dire le corps de la nation française, où est-il? Le peuple a pris vie dans la souffrance; il va sortir de
l'affranchissement des villes et de l'émancipation des serfs : la révolution
communale du 12e siècle enfante le corps de la nation, le tiers-état.

Ici se présentent, messieurs, des questions historiques d'un haut intérêt. Quelles sont les causes de l'existence des communes; quelle différence y a-t-il entre les institutions municipales de la Gaule romaine et
les communes du moyen-âge? quels sont les liens qui les unissent? par
quel enchainement de faits le caractère aristocratique des munipalités

(1) Vie de Louis-le-Gros.

gallo-romaines a-t-il pu se transformer dans le caractère démocratique des communes du moyen-âge? Toutes ces questions, qui entourent la révolution communale, devront nous arrêter quelque temps; mais dès ce moment nous devons porter nos regards sur le changement qui s'accomplit dans l'existence des communes du 12e au 14e siècle.

Dans cet intervalle de deux siècles, la plupart des communes ont perdu et quelquefois même ont volontairement abdiqué leur organisation politique, les droits de gouvernement, de guerre, d'impôts, de monnaie : elles ont conservé des droits de juridiction et toutes les franchises relatives aux intérêts privés des familles, aux besoins du commerce et de l'industrie locale, à la liberté des communications entre certaines villes ; elles ont stipulé des exemptions de tailles, de péages : obligées de se défendre contre les entreprises des seigneurs suzerains qui remplaçaient les seigneurs plus faibles sous lesquels s'était faite l'émancipation; elles appelaient le secours et l'intervention des rois ; les *prévôtés royales* ou l'administration des officiers du roi succédaient ainsi à la charte politique des communes ; mais la liberté civile des bourgeois subsistait. Le tiers-état qui naquit de la révolution communale ne fut point arrêté dans ses développemens par l'affaiblissement des libertés politiques qu'avaient fondées ou reconnues les chartes des communes. La classe bourgeoise exerça le commerce et l'industrie, s'accrut de leurs richesses, fournit aux tribunaux naissans, les juges, les baillis, les prévôts; c'est d'elle que sortirent les légistes, les théologiens de l'université, les esprits indépendans ; et, au milieu de ses progrès, apparut pour la première fois, à l'entrée du 14e siècle, la Monarchie des états-généraux, autrement dit, la Monarchie parlementaire.

Troisième époque. Quand la papauté, pour prix de sa lutte contre la féodalité, réclama avec hauteur la suprématie sur la couronne de France, la monarchie universelle, Philippe-le-Bel, bien plus puissant que Philippe-Auguste et saint Louis, opposa au pape Boniface VIII, en 1302, la monarchie des trois ordres. Le clergé, la noblesse, le tiers-état, réunis dans le sentiment de l'intérêt commun, proclamèrent l'indépendance de la couronne et du pays, l'unité nationale.

La monarchie féodale fut donc alors remplacée par celle des états-généraux. La royauté n'est plus un pouvoir de simple protection au sein de la féodalité, c'est un pouvoir central, politique et administratif, en rapport avec l'état d'une nation qui a proclamé son unité à l'extérieur, et qui travaille à établir ou à consolider sur tous les points son unité intérieure.

Messieurs, dans les cinq cents ans qui se sont écoulés du 14e au 18e siècle, la monarchie parlementaire est arrivée à la monarchie absolue, la monarchie absolue s'est abîmée dans la révolution.

Deux périodes s'ouvrent donc devant nous :

La première s'étend de Philippe-le-Bel à Louis XII.

La seconde, de François 1er à Louis XVI.

§ 1ᵉʳ Do Philippe-le-Bel à Louis XII.

La royauté de Philippe-le-Bel et de ses successeurs y compris Louis XI, se trouvait en présence de la *puissance ecclésiastique*, de la *féodalité*, des *communes*, et des *Provinces*, constituées en divisions féodales de comtés et duchés.

Arrêtons, un instant, notre attention sur ces quatre objets, et premièrement sur le pouvoir de l'Église :

La puissance ecclésiastique, aspirant à fonder une théocratie, s'exerçait de deux manières, d'abord par la souveraineté pontificale qui ne regardait les rois que comme des lieutenans du Saint-Siége, ensuite, par l'omnipotence des tribunaux du clergé qui dominaient les justices laïques. — Les États-Généraux de 1302 empêchèrent la théocratie politique, en lui opposant en faisceau les forces et les vœux de la société nationale. — Quant à la théocratie judiciaire, l'organisation nouvelle du parlement de Paris de la même année 1302, l'éloignement des évêques et prélats des séances ordinaires du parlement. La création de la charge du *Poursuivant le roi* (1289) qui devait s'opposer à la confusion des juridictions ecclésiastiques et laïques, et qui est l'origine du ministère public en France, l'accroissement de l'université de Paris et l'établissement des universités de provinces, enfin l'institution d'appel comme d'abus fondée en 1329 par le courage d'un légiste, avocat du roi, Pierre de Cugnières. Voilà par quels moyens fut incessamment combattue et restreinte la juridiction ecclésiastique. — Au 15ᵉ siècle, l'indépendance de l'État, sous le rapport politique et judiciaire, et de plus, les libertés électorales, les franchises intérieures et extérieures de l'église gallicane furent proclamées et formulées dans la Pragmatique-sanction de Charles VII. — La royauté, qui d'abord s'était unie au sacerdoce pour s'affranchir de l'époque féodale, s'était enfin sentie assez forte pour marcher seule ; elle achevait sa *sécularisation* commencée par la Pragmatique de saint Louis.

Secondement, et dans leur lutte contre la féodalité, les rois voulaient assurer l'unité territoriale du royaume et l'unité politique. — Depuis Philippe-Auguste, ils s'étaient efforcés d'agrandir leur domaine, de fonder leur royaume, de réunir à la couronne des provinces et des fiefs ; ils avaient saisi toutes les occasions de guerre, de succession, de mariage, d'exercice des droits de suzeraineté et de jugemens des pairs, convoqués en cour de parlement, pour obtenir la réunion. Mais les concessions d'apanages en faveur des fils puinés des rois venaient neutraliser ce mouvement de concentration et affaiblir la succession royale. — C'étaient deux principes qui agissaient en sens contraire : l'un réunissant des possessions au domaine, l'autre morcelant le royaume. Le roi Jean donnait en apanage, l'Anjou, le Languedoc, la Bourgogne, les plus riches provinces. — Charles V, prohibait le démembrement pour l'avenir (1) ; et pour recomposer l'unité

(1) Il ordonna que les apanages à venir seraient constitués en revenus évalués en argent et en *titres* que le roi pourrait créer à volonté.

territoriale Louis XI, pour me servir de son expression, *fauchait* les grands vassaux.

Troisièmement, et à l'égard des communes, métiers et bourgeoisies, la conduite des rois de la période parlementaire changea selon les situations politiques.

Quand la féodalité était toute-puissante encore, les rois se faisaient un appui des communes et du peuple contre l'aristocratie territoriale. — Les bourgeois se livraient avec ardeur à l'étude du droit romain et des coutumes; ils grandissaient, comme légistes, dans les luttes que la royauté soutenait soit contre les papes et le clergé, soit contre les seigneurs. — Les métiers, les associations industrielles avaient pris une grande importance depuis saint Louis et le prévôt Et. Boileau, rédacteur des statuts: les corporations des 13e et 14e siècles étaient riches, fortes, bien disciplinées, et les métiers marchaient toujours d'accord avec les communes. — Les chefs des métiers figuraient dans l'organisation du corps municipal; les bourgeois, les légistes étaient les députés des bonnes villes aux États-Généraux.

Les États-Généraux furent pour les bourgeois une fréquente occasion d'acquérir de l'ascendant. Les rois demandaient des *aides et subsides*; le Tiers-État en accordait, mais il réclamait le redressement de ses griefs; octroi de deniers et plaintes du peuple allaient ensemble. Les idées de la bourgeoisie au 14e siècle furent tellement appliquées au gouvernement de la société, que l'on trouve déjà les principes fondamentaux du gouvernement représentatif dans les résolutions des États de 1355 et 1356. Mais la démocratie du 14e siècle ne fut pas assez forte pour se contenir; sa lutte sous la régence du Dauphin, Charles V, et sa haine contre la féodalité l'entraînèrent dans les factions; Étienne Marcel et la commune de Paris furent complices de la Jacquerie.

La bourgeoisie de Paris fut rudement châtiée en 1358 par le régent: elle porta la peine de son erreur. Elle n'avait pas vu que l'état de la France ne pouvait pas subitement se transformer en état démocratique, que la démocratie n'avait pas encore une base assez large, en présence d'une aristocratie territoriale aussi puissante que celle des barons féodaux. — Il faudra la lutte inexorable de Louis XI contre les grands vassaux pour rendre au Tiers-États son mouvement de puissance progressive. Ennemi de la féodalité, Louis XI se rapprocha des communes. Il protégea leurs franchises, il étendit à un grand nombre de villes, particulièrement dans la Guienne, l'organisation libre de la ville de La Rochelle qui élisait son maire et ses vingt-quatre échevins, qui exerçait les droits d'impôt et de juridiction.

Ici se présente notre quatrième objet d'observation, la constitution des provinces.

Les exigences excessives de la bourgeoisie de 1356 avaient conduit à une grande réaction contre les États-Généraux; de cette réaction naquit la constitution politique et administrative des provinces de France. La féo-

dalité avait enfanté la division des provinces en comtés, duchés et vi-
comtés. Mais les provinces d'abord toute féodales avaient participé au
mouvement de la civilisation, sans entrer toutefois dans les voies rapides
de la révolution communale. Le Dauphin Charles V, et les nobles provo-
quèrent ou favorisèrent des assemblées des trois ordres, dans les comtés
et duchés : de là les États-Provinciaux. Les Provinces acquièrent une existence nouvelle : Les Chartes de plusieurs sont du 14e siècle. Relatives
d'abord aux priviléges de la noblesse qui, après Philippe-le-Bel, avait
cherché à ressaisir le *droit de guerre privée* et d'autres droits féodaux,
les chartes devinrent plus explicites en faveur des droits et des franchises
de la province. Les *États* se multiplièrent, et selon les plus grandes pro-
balités, toutes les provinces eurent leurs assemblées des Trois-ordres. On
les retrouve, en effet, postérieurement à cette époque, dans les procès-
verbaux des coutumes.

Ce qui caractérise la nature de la constitution provinciale, c'est que les
nobles et le clergé dominaient dans les assemblées; Les députés des villes
étaient en nombre inférieur. Les États-Provinciaux représentaient la propriété territoriale, et par conséquent alors l'aristocratie. L'action démocratique des États de Paris fut ainsi paralysée. Le régent demandait des
aides et subsides aux provinces, et les états, ceux du Languedoc surtout
lui prêtèrent un généreux secours dans ses guerres contre les Anglais.

Cette organisation provinciale offrait un danger. Les provinces, à peine
sorties de l'indépendance féodale, pouvaient saisir le moyen de se rendre
encore indépendantes du gouvernement du roi. Charles V, pour prévenir
ce résultat, établit des gouverneurs qui représentaient le roi dans les États-
Provinciaux. L'établissement des gouverneurs de provinces fut le premier
pas vers la centralisation administrative. C'est là une des créations les plus
remarquables dans l'histoire du 14e siècle; les grands vassaux, sauf les
princes apanagistes, n'étaient plus les chefs immédiats de leurs duchés et
comtés. Les gouverneurs, qui résidaient dans les provinces, représentaient
la royauté, le gouvernement central.

C'est de l'époque des États-Provinciaux que sont venues les dénominations
de pays d'états pour celle des provinces qui lors de leur incorporation à
la couronne ont stipulé le maintien de leurs franchises et libertés, comme
le Languedoc, la Provence, le Dauphiné, la Normandie, la Bretagne. Le
principe de l'administration provinciale se résumait en ces mots : AU ROI
LE GOUVERNEMENT, AU PAYS L'ADMINISTRATION.

Dans les provinces qui n'avaient pas conservé les états, les parlemens rem-
plirent un rôle administratif. Il y eut souvent lutte et confusion de l'autorité
administrative et de l'autorité judiciaire. A Bordeaux, par exemple, le parlement et les gouverneurs de la Guyenne se livrèrent souvent une guerre
acharnée, et la Bretagne conserve le souvenir des luttes si vives qui eurent
lieu, à une époque cependant bien postérieure, entre le Parlement et le
duc d'Aiguillon.

L'administration provinciale occupe une place importante dans l'histoire des institutions administratives. Jusqu'en 1789, et malgré les efforts des rois absolus, l'administration en France a été provinciale autant et plus que centrale. Si les rois ont conquis l'unité politique, ils n'ont jamais pu conquérir complétement l'unité administrative.

Ainsi, messieurs, dans cette période de la royauté qui comprend la monarchie parlementaire et s'étend du 14e à la fin du 15e siècle, nous aurons à étudier spécialement,

1° L'organisation temporelle de la puissance ecclésiastique et les institutions qui lui furent opposées, entre autres l'université et l'institution de *l'appel comme d'abus*;

2° Les principes de la féodalité territoriale et des apanages dans leur rapport avec le domaine de la couronne;

3° L'organisation politique et administrative des communes et des corporations industrielles;

4° Les États-Généraux et le système des aides et subsides qu'ils accordaient.

5° Les États-Provinciaux et l'organisation administrative des provinces;

6° Enfin les parlemens et leur action administrative.

§ 2. *Monarchie absolue (de Louis XII à Louis XVI)*.

Nous voilà, messieurs, au 16e siècle.

Ici commence l'ère de la monarchie absolue. Louis XI le plus absolu des rois, par caractère personnel, avait laissé des institutions meilleures que lui. Il avait établi l'inamovibilité des magistrats; il avait protégé ou consolidé les libertés communales et provinciales. A sa mort, le souvenir des États-Généraux n'était pas éteint. Le premier acte politique, après lui, fut la convocation des États-Généraux à Tours. Mais avec François Ier, les États-Généraux ne furent plus convoqués. Ils ne surgiront dans le 16e siècle qu'aux époques convulsives des guerres de religion; et, s'ils font encore un effort apparent en 1614, à la veille du règne de Richelieu, ce sera comme pour saluer d'une vaine protestation l'œuvre toujours croissante du pouvoir absolu. C'est pourquoi, messieurs, nous avons marqué au règne de Louis XII, la fin de la monarchie parlementaire, et le commencement de la monarchie absolue.

A cette époque, sous Louis XII et François Ier, s'est accomplie dans l'ordre administratif, une révolution qui a changé toutes les bases de l'administration royale. Louis XII a créé la vénalité des offices de finances; François Ier, la vénalité des charges de magistrature.

Ce principe de la vénalité des offices, d'où vient-il? Il a deux origines: la féodalité et le pouvoir absolu.

Sous l'empire de la féodalité, l'idée de la propriété était fondamentale, la royauté de la troisième race sortait d'une société toute féodale, et en s'élevant au dessus de son origine, elle a conservé cette idée primitive, ce souvenir vivant de l'union de la souveraineté avec la propriété. Dans les premiers siècles de l'émancipation où le besoin de la couronne était de réunir les grands fiefs à son domaine, et de protéger tous les droits, tous les intérêts naissans, les fonctions administratives ont été purement temporaires et souvent électives; il n'y avait dans l'acte qui les déférait et dans leur exercice, aucun caractère de propriété. Mais quand la royauté s'est vue victorieuse des élémens autrefois ennemis, qu'elle s'est trouvée face à face avec elle-même, et avec une société qui, du gouvernement local était arrivée au gouvernement central, la royauté, sur ces hauteurs, s'est regardée comme *propriétaire de la puissance publique*, et de la société ainsi émancipée. Elle n'a considéré le nouvel état de la société que comme l'agrandissement du *domaine royal*. Cette conviction de la royauté s'est résumée à son plus haut degré dans Louis XIV qui voyait en lui seul l'Étar, et qui enseignait à son fils le droit absolu du roi sur les personnes et les biens de ses sujets. Il est résulté de ce principe, inhérent à la féodalité et développé par la monarchie absolue, que la puissance administrative a été une dépendance attachée au domaine de la couronne; elle en a formé ce qu'on appelait la *partie incorporelle*; et cette dépendance du domaine était réputée aliénable. Le principe a passé dans les écrits des grands jurisconsultes du 16ᵉ siècle. Loyseau, qui blâmait si énergiquement l'invention des offices, enseignait que les rois étaient *propriétaires de la puissance publique, qu'ils l'avaient prescrite*, et il établissait entre le fief et l'office un rapport de nature et de condition qui démontre que les rois du 16ᵉ siècle ont donné les fonctions publiques en offices, comme les rois des premières races avaient donné leurs domaines en bénéfices et en fiefs. Les offices, comme les fiefs, sont devenus, par trait de temps, des propriétés héréditaires; et leur assimilation peut être suivie historiquement dans leur destinées successives. C'est ainsi qu'au moment où la royauté avait vaincu la féodalité politique, elle créait auprès d'elle et au profit de son trésor toujours épuisé, une sorte de *féodalité administrative*. Presque toutes les fonctions ont été érigées en offices; et même, sous Louis XIV, qui en a créé quarante mille de plus que ses prédécesseurs, il a été institué en titre d'offices des *gouvernemens* de provinces, des *mairies* perpétuelles et héréditaires!

Au moment où la couronne aliénait son domaine incorporel et dénaturait le principe administratif pour se créer des ressources financières, elle donnait une base fixe aux lois domaniales. Le chancelier de l'Hôpital qui protestait contre la vénalité des offices sans pouvoir la détruire, déclarait le *domaine réel* inaliénable, par l'ordonnance de 1566, l'un des fondemens de notre ancien droit public. La révolution de 89 qui a détruit pour l'avenir le caractère d'inaliénabilité, a pris l'ordonnance de 1566, pour point de départ dans ses réactions contre les possesseurs des domaines engagés.

Les offices et les lois domaniales seront compris dans nos études historiqués, et ici nous serons soutenus par l'école française des jurisconsultes du 16e siècle.

Deux hommes dominent l'époque de la monarchie absolue, Richelieu et Louis XIV : Richelieu continue l'œuvre de Louis XI contre les grands vassaux ; dans ses guerres contre les réformés. Il a pour but principal d'atteindre les seigneurs féodaux qui sous le prétexte de liberté religieuse appelaient autour de leurs bannières et à la division de la France, les peuples ignorans de leurs vues aristocratiques. Il prend d'assaut La Rochelle, le siège de la réforme, et il confirme aussitôt, par l'édit de Nîmes, l'édit de Nantes, cette Charte des protestans ; mais il affermit tellement le dogme politique et la puissance réelle de l'unité territoriale, que désormais le sol ne tremblera plus sous les pas de la féodalité.

Pour achever sa victoire politique, la monarchie absolue n'aura plus qu'à enchaîner dans les habitudes élégantes de la cour et les magnificences de Versailles, les derniers restes d'indépendance féodale qui survivraient encore dans les esprits.

Louis XI et Richelieu avaient vaincu la féodalité territoriale et *matérielle*. Louis XIV anéantit *l'esprit* de la féodalité politique. La féodalité, dès lors, n'a subsisté que dans l'ordre civil, lequel intéressait bien moins le pouvoir absolu.

Fort de ces résultats, Louis XIV ne tarda pas à réaliser autour de lui le besoin d'unité qui était dans son caractère personnel et dans l'esprit général de son époque. Il imposa l'unité, mais l'unité absolue, dans l'ordre politique et dans l'ordre religieux ; et puis, il dressa ses forces contre le système provincial pour établir aussi, avec le caractère de l'absolu, la centralisation administrative : là ne triompha pas complétement sa puissante volonté.

Plusieurs des provinces qui avaient conservé leurs *états* par les réserves exprimées lors de leur réunion à la couronne, en furent dépouillées ; la Normandie et le Dauphiné par exemple. Mais les États-Provinciaux furent maintenus dans les provinces frontières. La royauté, en les supprimant, aurait craint d'affaiblir le courage des habitans contre les étrangers : toutefois, elle en modifia l'organisation ; elle tâcha d'y faire prédominer sa volonté ; et les impôts qui furent établis sous son influence, dans ces *provinces priviléyiées*, devinrent tellement ruineux, que c'est pour les terres abandonnées de la Provence et du Languedoc que fut rendu le triste édit de 1713, qui appelait le premier venu a les ensemencer !

Les divisions administratives des 16e et 17e siècles, s'éloignèrent du système provincial des temps antérieurs. Elles furent déterminées par des vues et des institutions purement financières. Les *pays d'États* avaient conservé, pour la répartition et la levée des impôts, pour les travaux publics de la province, la direction apparente d'une assemblée de propriétaires. Les pays d'*élection*, beaucoup plus nombreux, étaient soumis pour les impositions à la direction immédiate des officiers royaux et à la juridiction des *élus* qui tenaient leur dénomination mensongère des anciens *élus* des Etats-Généraux.

La division de toute la France en *généralités* fut fondée du temps de François Ier, sur l'établissement des bureaux de finances dans les principales villes du royaume. Louis XIV en a fait la grande division administrative de la France, en y plaçant les intendans et les subdélégués. Les gouverneurs des provinces ne furent plus désormais que des représentans de la suprématie militaire, et ils ne purent résider dans les gouvernemens qu'avec l'autorisation du roi. — Le système des provinces s'affaiblit de plus en plus devant le régime des intendances. Instrumens de centralisation, représentans absolus de l'autorité royale, les intendans substituèrent sur beaucoup de points du royaume le gouvernement central à l'administration locale et provinciale. Le savant Prost-du-Royer a remarqué qu'au 17e siècle le mot de *gouvernement* remplaça le mot d'*administration*, changement de langage qui réfléchissait un changement dans les choses. C'est aussi à la même époque que dans les habitudes du langage le mot de MAÎTRE est souvent substitué à celui de Roi. Les intendans travaillaient, sous les inspirations de la volonté de Louis XIV, à renfermer les parlemens dans le cercle judiciaire ; et la juridiction exceptionnelle du *Grand-Conseil* prenait une extension proportionnelle aux progrès de la centralisation administrative. — Les résultats de cette administration furent désastreux au 17e siècle dans les pays d'*états* et ceux d'*élection*. Le pays en général était tellement dévasté par l'avidité des collecteurs, des fermiers, d'aides, des officiers de toute espèce, que l'un des plus grands hommes du siècle de Louis XIV, le maréchal de Vauban qui avait étudié pendant de longues années tous les vices de l'administration territoriale et financière, ne put s'empêcher de dire dans un livre qui lui valut la disgrâce royale et l'oubli de ses immenses services (1) : « Sire....., dans
» les campagnes, après avoir vendu les meubles d'un malheureux paysan,
» on pousse les exactions jusqu'à arracher *les portes et fenêtres* de sa
» maison, jusqu'à démolir les murailles pour en *tirer les poutres, les
» solives et les planches* qui sont vendues au profit du trésor. Il en résulte que les paysans laissent leurs terres en friche et vivent presque
» nus, refusant les biens de la terre, de crainte de se les voir enlever par
» les sergens..... Sire, je me sens obligé d'honneur et de conscience de
» vous représenter que de tout temps on n'a pas eu assez d'égard en
» France pour le *menu peuple*, qu'on en fait trop peu de cas, qu'on le
» ruine, qu'on le méprise, et que cependant c'est lui qui est le plus considérable par le nombre, et, par ses services réels, le plus utile au
» bien du royaume. »

Nous aurons à nous rendre compte, messieurs, de ce système d'administration et d'impôts qui occupe une si grande place dans l'histoire, et qui nous a conduits aux désordres financiers et à la crise de la fin du 18 siècle.

(1) La dîme royale, 1707.

Louis XIV, qui avait enlevé aux parlemens le droit de remontrance *avant* l'enregistrement des édits, et qui les avaient exclus de la scène politique et administratives, les y rappela, sans le vouloir, en remettant au parlement de Paris le dépôt de ses dernières volontés.

La magistrature rentra dans la vie politique en cassant le testament d'un roi absolu; le régent lui rendit le droit de remontrance. Le parlement de Paris donna l'impulsion aux autres compagnies, long-temps retenues à regret dans l'orbite judiciaire; et la lutte commença bientôt entre les parlemens et la couronne, entre les parlemens et les intendans. — La confusion des limites entre le pouvoir judiciaire et le pouvoir administratif devint d'autant plus grande que l'opposition parlementaire était encouragée par les sympathies des peuples. — Le système provincial reprit faveur; les économistes publièrent en 1750 un mémoire en faveur des assemblées de provinces (1); et Louis XVI, animé de l'amour du bien public et des réformes, établit en 1779, comme un premier essai, des assemblées provinciales dans la Haute-Guienne et le Berry. Le mémoire de Necker, qui les proposa, contient la censure la plus vive du régime des intendans et des subdélégués.

L'esprit de réforme administrative se réveillait avec énergie; et les assemblées provinciales se multiplièrent.

Quatrième époque. Révolution. Mais il était un esprit plus puissant, plus profondément régénérateur qui surgissait des besoins et des idées du 18e siècle.

Ce n'était plus ni le système communal du 12e siècle, ni les Etats-Généraux du 14e, ni le système des Etats-Provinciaux et des parlemens que réclamaient l'opinion publique et la civilisation française. L'action de la société, après avoir lentement traversé l'organisation politique et administrative des communes, des provinces, des généralités de la royauté absolue, aspirait à une organisation vraiment nationale. L'intérêt de la nation résumait et dominait tous les autres; il y avait un besoin de généralisation qui appelait toutes les forces de la société à se combiner dans l'unité française. Les provinces, oubliant leurs antiques priviléges, se confondaient dans un vif sentiment de nationalité, dans un ardent désir de régénération constitutionnelle. C'était la liberté publique, la constitution nationale que demandaient les électeurs et les députés de 89; c'était l'unité d'ordre et de liberté, la grande unité sociale que la France voulait saisir dans la carrière ouverte par la révolution!

Que de choses restaient à faire alors, messieurs, pour constituer complétement l'unité nationale, l'unité politique, administrative et civile!

Ce sera la gloire éternelle de l'Assemblée constituante d'avoir voulu réaliser sur tous les points l'unité et la liberté! Si elle a été faible et craintive dans la constitution du pouvoir, c'est qu'elle sortait d'une époque dominée par les principes de la monarchie absolue. En faisant les pre-

(1) Mémoire de M. le marquis de M.....

miers pas dans la réforme sociale, elle portait secours d'abord à ce qui avait le plus souffert ; elle voulait, avant tout, la liberté publique, la sécurité des droits de l'homme. Sa plus grande faute est d'avoir protégé les droits du citoyen plus que les droits de la société, d'avoir timidement établi dans l'organisation politique, l'union nécessaire et fondamentale du DROIT et du DEVOIR. Mais elle ouvrait une ère nouvelle, et les révolutions puisent leur force dans la conscience du DROIT : L'idée du devoir n'est pas un élément révolutionnaire, c'est un élément de calme et d'organisation : Le droit est plus fort pour détruire, le devoir pour conserver. La révolution avait à renverser tout un régime ; l'idée de droit et de liberté devait donc alors prédominer sur l'idée de devoir et de pouvoir social ; ainsi s'explique pourquoi l'Assemblée constituante en voulant fonder l'unité politique, n'a pas réalisé l'alliance de ces deux puissances de l'homme et de la société, la LIBERTÉ et le POUVOIR.

La Convention voulut aussi l'unité, mais comme un objet de terreur qui passait de la commune de Paris dans le comité de salut public. Le sentiment de l'unité ne fut jamais plus énergique que dans Robespierre et dans les dominateurs de la république *une et indivisible*. La Convention pour concentrer en ses mains la tyrannie populaire, s'adressait au besoin le plus impérieux de la France, celui de l'indépendance du pays et de l'unité nationale. La France se livrait, pieds et mains liés, à cette puissance inexorable qui absorbait tout, et qui, mutilée par elle-même et toute sanglante, envoyait soudain et comme par enchantement quatorze armées à la défense des frontières ! — Sûre de l'indépendance nationale la liberté a repris ses droits au 9 thermidor ; elle a brisé l'unité terrible ; et bientôt, par réaction, elle est retombée dans les factions et dans l'anarchie.

Un grand homme est venu qui a voulu puissamment l'ordre et l'unité. Après dix ans de convulsions révolutionnaires, le génie du premier consul a compris de suite que sa mission intérieure était de réorganiser la société nationale. L'Assemblée constituante avait mis la LIBERTÉ en première ligne et le POUVOIR dans l'ombre. — Bonaparte a fait le contraire : il a mis le pouvoir sur le premier plan, et la liberté politique à l'écart. Il n'a vu l'ordre et l'unité possibles à cette époque que dans la force du pouvoir ; et tous les ressorts de la centralisation administrative, tendus par son génie organisateur, ont ramené les intérêts généraux et locaux à l'impulsion d'une volonté unique. Mais comme la France ne peut vivre sans liberté, il élevait en même temps à la liberté civile le plus beau monument des temps modernes ; il donnait à la France la gloire nationale et la liberté civile en échange de la liberté politique.

Notre époque ne doit pas être ingrate envers l'Assemblée constituante et le consulat, ces deux grandes puissances qui ont ouvert et clos l'époque révolutionnaire. Nous sommes les enfans de la révolution et de l'empire. Nous vivons aujourd'hui de la liberté promulguée par Mirabeau, et de l'habitude d'ordre imprimée par Napoléon ; nous associons les élémens de vie qu'ils avaient séparés. L'époque contemporaine s'est fortifiée à cette école politique, et puis, elle a voulu mieux faire ; c'est la loi du progrès, la loi de l'humanité : elle s'est sentie, un jour, assez forte, assez éclairée pour entreprendre de faire sortir le despotisme des institutions politiques et administratives de l'empire et d'y placer les droits et la liberté des citoyens.

La révolution de 1830 a repris ainsi l'œuvre de 89, mais avec cette fermeté d'application que donnent l'expérience des choses et le respect du passé.

Tels sont, messieurs, les traits principaux et l'ensemble des époques que nous aurons à parcourir dans les études historiques que nous ferons en commun cette année. — Vous voyez qu'il y a là quelque profit possible pour la science si le zèle du professeur et la sympathie des auditeurs se soutiennent mutuellement.

Ce cours sur l'histoire des institutions administratives, embrassera donc :

1º Les institutions gallo-romaines qui ont eu de l'influence sur les époques subséquentes ;

2º L'esprit des institutions féodales ;

3º Les principales institutions politiques et administratives de la monarchie parlementaire ;

4º Celles de la monarchie absolue ;

5º L'esprit des institutions nées de la révolution, depuis 89 jusqu'à nous.

Cette revue historique nous conduira, messieurs, à ce résultat que notre époque est plus près qu'aucune autre de l'unité d'ordre et d'harmonie, de cette unité sociale à laquelle le christianisme et la philosophie appellent les nations. La France contemporaine, a commencé dignement à réaliser l'union des deux élémens fondamentaux de la société humaine, la Liberté et le Pouvoir. — L'œuvre principale qui semble offerte à notre besoin de progrès est d'étendre, d'affermir cette alliance, et de placer ainsi la Liberté et le Pouvoir au même degré dans l'amour et le respect des citoyens.

La *Revue de législation et de jurisprudence* paraît depuis le 30 octobre 1834, par cahiers de cinq feuilles à la fin de chaque mois, et forme un beau vol. in-8 par semestre. Prix 18 fr. par an, 20 fr. pour la province.

Les sept premiers volumes sont en vente, *brochés*, au prix d'abonnement; mais en souscrivant à l'année d'avril 1838 à mars 1839, on ne paie la collection de ces sept volumes que 52 fr. pour Paris et 56 fr. pour la province.

La première livraison du t. VIII, publiée le 30 avril 1838, contient les articles suivans.

De la liberté religieuse en France (2ᵉ article), par M. *Hello*, avocat-général à la Cour de Cassation.

Codes des états modernes, publiés par M. *Victor Foucher* (article de M. *Dupin*, président de la Chambre des Députés, procureur-général à la Cour de Cassation).

Enfans incestueux. — Légitimation par mariage subséquent (dissertation), par M. *Valette*, professeur à la Faculté de droit de Paris.

De la controverse du droit. — École expérimentale (3ᵉ article), par M. *Gronier*, avocat-général à Grenoble.

Cours de législation pénale comparée. — Introduction, par M. *Ortolan*, professeur à la Faculté de droit de Paris.

La deuxième livraison du t. VIII a paru le 31 mai; voici sa table des matières :

De la législation polonaise, par M. *F. Wolowski*, député polonais.

Introduction à l'histoire des institutions administratives, par M. *Laferrière*, professeur à la Faculté de droit de Rennes.

Introduction à un traité de droit maritime, par M. *Bravard*, professeur à la Faculté de droit de Paris.

Questions de droit administratif, par M. de *Cormenin* (article de M. *Sacase*, avocat.)

Enfans incestueux. — Légitimation par mariage subséquent (dissertation), par M. *Pont*, avocat.

Bulletin bibliographique.

Le tome VII contient le travail de M. L. Wolowski, avocat à la Cour royale de Paris, rédacteur en chef de la *Revue*, sur les *Sociétés par actions*. Ce travail, tiré séparément, forme une brochure de cent pages et se vend 2 fr. 50 c.